Beauvais 23 Mai 87

VILLE DE BEAUVAIS.

VENTE DETRIMONT

MEUBLES ANCIENS

TAPISSERIES ANCIENNES

TABLEAUX MODERNES, OBJETS D'ART.

BEAUVAIS. — TYPOGRAPHIE D. PERE, RUE SAINT-JEAN.

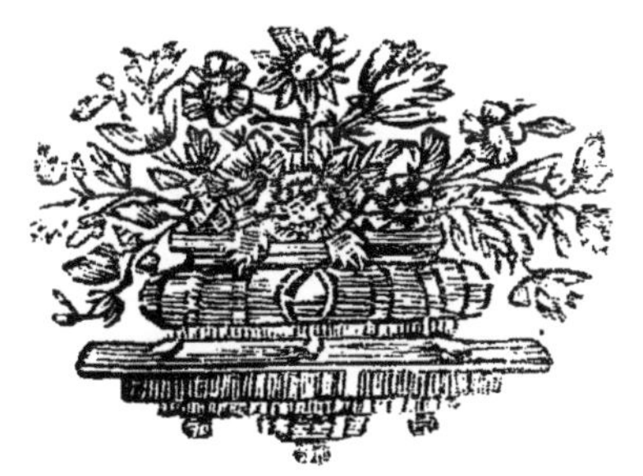

CATALOGUE

DES

MEUBLES ANCIENS

ET MODERNES

EN BOIS SCULPTÉ

TAPISSERIES FRANÇAISES & ÉTRANGÈRES

Tableaux modernes, Dessins, Croquis, Etudes

Gravures,

Pendules Louis XIII et Louis XIV

BRONZES, GRÈS, FAÏENCES, PORCELAINES

MAGNIFIQUE CHRIST EN IVOIRE ANCIEN

ET

MEUBLES COURANTS

appartenant à M. DETRIMONT

ancien Filateur à Saint-Just-des-Marais

et dont la Vente aura lieu à BEAUVAIS, en la Salle des Ventes, rue des Halles, n° 65

LES LUNDI 23 et MARDI 24 MAI 1887, à une heure

par le ministère de Me MUSEUX, Commissaire-Priseur à Beauvais

en présence et avec le concours de M. BIDAULT, son prédécesseur.

EXPOSITION

Le Dimanche 22 Mai, de deux à quatre heures.

Le MERCREDI 25 MAI, à une heure, il sera vendu

à SAINT-JUST-DES-MARAIS

au domicile de M. DETRIMONT

MEUBLES COURANTS, PHAËTON, SELLE ANGLAISE, etc., etc.

D05412

CONDITIONS DE LA VENTE.

La Vente aura lieu au comptant.

Les acquéreurs paieront, en sus des enchères, dix centimes par franc applicables aux frais.

L'Exposition mettant le public à même de se rendre compte de l'état des objets, il ne sera admis aucune réclamation une fois l'adjudication prononcée.

L'ordre du Catalogue ne sera pas suivi.

MEUBLES.

1. — Grand Lit de milieu, italien, en bois sculpté, à colonnes torses, avec caisson, époque Louis XIII.

2. — Autre Lit de milieu, en bois sculpté, à colonnes torses, style Renaissance.

3. — Petit Bahut Renaissance, en bois sculpté.

4. — Coffret en bois sculpté.

5. — Six Chaises en bois sculpté, recouvertes en vieux cuir de Cordoue.

6. — Petit Cabinet à deux corps, en bois sculpté, style Renaissance.

7. — Bahut en bois sculpté, époque Louis XIII.

8. — Coffret de mariage, Renaissance, en bois sculpté.

9. — Petit Cabinet en bois sculpté, style Renaissance.

10. — Table de nuit bois de poirier sculpté.

11. — Buffet étagère en bois sculpté.

12. — Dressoir en bois sculpté.

13. — Table à jeu de trictrac en acajou, ornée de bronze ciselé et doré, époque Louis XVI.

14. — Commode en marqueterie, ornée de tous ses bronzes dorés, avec dessus de marbre, époque Louis XV.

15. — Baromètre en bois sculpté, doré, époque Louis XVI.

16. — Petite Commode Louis XIII.

17. — Table en bois sculpté, style Louis XIII.

18. — Armoire hollandaise en bois sculpté.

19. — Tabouret d'antichambre en bois sculpté, recouvert d'un siège en cuir.

20. — Joli petit Secrétaire-Bureau en marqueterie bois de rose, orné de guirlandes en bronze finement ciselées et dorées, époque Louis XV.

21. — Deux Statues en bois sculpté, formant torchères, travail italien.
Hauteur, 1 m. 80.

22. — Meuble de bureau, composé de pupitre droit avec casiers et deux encoignures, en poirier noirci, avec incrustations filets de cuivre.

23. — Un Coffre-Fort.

24. — Poêle en belle céramique, Louis XVI.

2

TAPISSERIES.

25. — Tapisserie ancienne de Flandre; sujet champêtre.
2 m. 60 sur 2 m. 60. (Manque un côté de bordure.)

26. — Portière en ancienne tapisserie; sujet : Personnages.
2 m. 55 sur 2 m.

27. — Tapisserie ancienne de Flandre, avec bordures; verdures et paysages.
4 m. 85 sur 2 m. 40.

28. — Ancienne Tapisserie française, sans bordures; sujet champêtre.
4 m. 50 sur 2 m. 30.

29. — Tapisserie ancienne de Flandre, sans bordures; verdures.
2 m. 40 sur 2 m.

30. — Ancienne Tapisserie française, sans bordures; personnages.
3 m. 40 sur 2 m. 10

31. — Tapisserie ancienne de Flandre, sans bordures; sujet d'après Teniers : la Danse.
3 m. 30 sur 2 m. 25.

32. — Ancienne Tapisserie française, soie et laine, sans bordures; paysages et verdures.
3 m. 40 sur 2 m. 25.

33. — Tapisserie ancienne de Flandre, sans bordures.
2 m. 35 sur 2 m.

34. — Ancienne Tapisserie française, sans bordures; sujet tiré des Fables de Lafontaine.
3 m. 80 sur 2 m. 25.

35. — Ancienne Tapisserie flamande, sans bordures; sujet : Personnages, Tir au pigeon.
2 m. 55 sur 2 m.

36. — Tapisserie ancienne de Flandre, sans bordures; sujet : Personnages.
2 m. 40 sur 1 m. 90.

37. — Ancienne Tapisserie flamande, sans bordures; sujet : la Danse.
2 m. 90 sur 2 m. 16.

38. — Deux morceaux de Tapisserie française; paysages et verdures.
L'un de 2 m. 10 sur 1 m. 90, l'autre de 2 m. sur 1 m. 10.

39. — Ancienne Tapisserie française; sujet : Marine.
1 m. 75 sur 1 m. 75.

40. — Un morceau de Tapisserie ancienne.
2 m. sur 1 m. 15.

41. — Un morceau de Tapisserie ancienne.
2 m. 10 sur 1 m. 10.

42. — Un morceau de Tapisserie ancienne à personnages.
1 m. 55 sur 2 m.

43. — Un morceau de Tapisserie ancienne; sujet : la Balençoire.
1 m. 60 sur 1 m. 25.

44. — Un morceau de Tapisserie ancienne.
1 m. 80 sur 1 m. 05.

45. — Un morceau de Tapisserie ancienne.
2 m. 10 sur 0 m. 85.

46. — Un morceau de Tapisserie; sujet : Personnages.
0 m. 90 sur 1 m.

47. — Soixante-quatre morceaux de Tapisserie.

48. — Environ quatre-vingts mètres de Bordures de tapisserie ancienne, françaises et flamandes.
Ce lot sera divisé.

TABLEAUX, DESSINS, CROQUIS

AQUARELLES.

---

49. — ANDRIEU. — Les Dévideuses d'après Velasquez.

50. — BAKALOWICZ. — La sortie de Charles-Quint à Rome.
Hauteur, 0 m. 65 ; longueur, 0 m. 93.

51. — *Le même.* — Départ pour la chasse.
Hauteur, 0 m. 93 ; longueur, 0 m. 74.

52. — DE MOLINS. — Relais.
Hauteur, 0 m. 85 ; longueur, 1 m. 35.

53. — SEIGNEURGENS. — Le Retour du marché.
Hauteur, 0 m. 28 ; longueur, 0 m. 41.

54. — BAKALOWICZ. — Souvenir de Spa, étude.
Hauteur, 0 m. 50 ; longueur, 0 m. 32.

55. — Leray. — Etude, provenant de la vente après décès: la Chaise à porteurs.

56. — Bakalowicz. -- Femme endormie, étude.

57. — Aym. Pezant. — Deux palettes.

58. — Esbrat. — Etude de moutons.

59. — Leray. — Etude, provenant de la vente après décès : les Hauteurs de Montmartre.

60. — E. Forest. — Nature morte.

61. — Paturot. — Paysage en Savoie.

62. — Flers. — Etude.

63. — *Inconnu*. — Portrait de vieille femme d'après Rembrandt.

64. — Servin. — Les Naufragés.

65. — Jadin. — Etude.

66. — Tabar. — Etude.

67. — Leray. — La Présentation provenant de la vente après décès.

68. — C. Pecrus. — Fontainebleau.

69. — Loutrel. — Etude.

70. — C. Deshayes. — Paysage.

71. — C. Deshayes. — Paysage.

72. — A. Darjou. — Deux natures mortes : faisans et perdreaux.

73. — Pecrus. — Paysage à Villiers-sur-Marne.

74. — Jadin. — Etude.

75. — *Inconnu.* — Portrait d'après Rembrandt.

76. — C. T. — Etudes de poules.

77. — Andrieu. — Le Dante et Virgile, copie d'après Eugène Delacroix.

132 sur 100.

78. — J.-L. Brown. — Chasse au cerf.
Hauteur, 0 m. 65 ; longueur, 0 m. 50.

79. — Bakalowicz. — La Saint-Barthélemy, d'après Isabey.
Hauteur, 0 m. 50 ; longueur, 0 m. 75.

80. — Léon Richet. — Près Fontainebleau.
Hauteur, 0 m. 33 ; longueur, 0 m. 46.

81. — Salmon. — Feuille d'étude à l'aquarelle.

82. — Seigneurgens. — Le Chargement du foin.
Hauteur, 0 m. 38 ; longueur, 0 m. 56.

83. — Corot. — Matinée, environs de Ville-d'Avray.
Hauteur, 0 m. 30 ; largeur, 0 m. 46.

84. — Z. Noterman. — Le Délit de chasse.
Hauteur, 0 m. 16 ; longueur, 0 m. 23.

85. — G. Roullet. — En Normandie après la pluie, aquarelle.

86. — Deshayes. — Souvenir de Suisse, aquarelle.

87. — Tode. — Près Barbizon (Seine-et-Marne).
Hauteur, 0 m. 28; longueur, 0 m. 41.

88. — G. Roullet. — Le Vieux Port, à Toulon.
Hauteur, 0 m. 24; longueur, 0 m. 33.

89. — Karl Daubigny. — Près Le Tréport, marine.
Hauteur, 0 m. 21; longueur, 0 m. 42.

90. — Petitjean. — Anvers.
Hauteur, 0 m. 30; longueur, 0 m. 51.

91. — A. Rosier. — Vue de Venise, effet de matin.
Hauteur, 0 m. 28; longueur, 0 m. 36.

92. — Maurice Blum. — La Chanson.
Hauteur, 0 m. 22; longueur, 0 m. 17.

93. — Z. Noterman. — La Sentence.
Hauteur, 0 m. 16; longueur, 0 m. 23.

94. — Bakalowicz. — Un Duel à l'aube.
Hauteur, 0 m. 24; longueur, 0 m. 32.

95. — KNOOP. — Le Fumeur.
Hauteur, 0 m. 24; longueur, 0 m. 18.

96. — BONNEFOY. — Nature morte.
Hauteur, 0 m. 31; longueur, 0 m. 45.

97. — SALMON. — La Fille de ferme.
Hauteur, 0 m. 46; longueur, 0 m. 38.

98. — R. VALETTE. — Bien aller, aquarelle.

99. — H. DUPRAY. — Un Lancier.
Hauteur, 0 m. 41; longueur, 0 m. 32.

100. — A. RIGON. — Le Lavoir de la Grande-Saul, à Hentregiville (Marne).
Hauteur, 0 m. 75; longueur, 0 m. 55.

101. — QUOTH. — Fleurs d'amandier, nature morte.
Hauteur, 0 m. 33; longueur, 0 m. 58.

102. — COTTIN. — Poules, deux dessins au crayon noir.

103. — DE LA ROCHENOIRE. — Paysage en Normandie.
Hauteur, 0 m. 64; longueur, 0 m. 94.

104. — BAKALOWICK. — La Promenade au parc.
Hauteur, 0 m. 32 ; longueur, 0 m. 24.

105. — Eugène PETIT. — Fleurs.
Hauteur, 0 m. 95 ; longueur, 0 m. 70.

105 *bis*. — Jolie gravure encadrée d'après J.-F. Millet : L'Angelus.

OBJETS DIVERS.

---

106. — Deux jolies Cassolettes, marbre noir et blanc, ornées et montées sur pied de biche en bronze, finement ciselé et doré; époque Louis XVI.

107. — Douze Vitraux modernes d'après des anciens.

Hauteur, 0 m. 52; longueur, 0 m. 50.

108. — Deux Vitraux modernes d'après des peintures de J.-F. Millet, représentant le Semeur et le Vanneur.

Hauteur, 0 m. 86; longueur, 0 m. 49.

109. — Environ quarante Grès anciens de Flandre.

110. — Un magnifique Christ en ivoire, ancien, sur croix.
Hauteur de l'ivoire, 0 m. 80.

111. — Pendule et deux Flambeaux à doubles branches, style Louis XV.

112. — Pendule époque Louis XIII, dite Religieuse.

113. — Pendule écaille, style Louis XV.

114. — Pendule à incrustations de cuivre et d'écailles, dite Boule, époque Louis XIV.

115. — Pendule, genre Boule, style Louis XIV.

116. — Pendule-Coucou, époque Louis XIII, travail flamand.

117. — Garniture de cheminée en bronze, composée d'une galerie et de chenets, style Louis XVI.

118. — Un Tapis du Daghestan.
Longueur, 3 m.; largeur, 1 m. 90.

119 — Un Tapis de Smyrne.
Longueur, 5 m. 90 ; largeur, 1 m. 80.

120. — Un Couvre-Pied japonais en satin brodé soie et or.

121. — Un Gilet circassien, avec broderie, filigranes or et argent.

122. — Une Tabatière en émail Louis XV.

123. — Une Glace biseautée avec cadre en bois guilloché, Louis XIII.

124. — Glace avec son cadre, bois noir sculpté, Louis XIII.

125. — Deux Glaces de Venise.

126. — Une Glace avec son cadre en bois sculpté doré.

127. — Une Glace avec son cadre en bois sculpté doré.

128. — Deux Appliques à trois branches, en cuivre, ornées de glaces biseautées, style Louis XIV.

129. — Un Lustre en verre vénitien.

130. — Un Lustre hollandais, en cuivre, style Louis XIII.

131. — Bronze de la Renaissance.

132. — Deux Chandeliers en cuivre, style Louis XIII.

133. — Fontaine en porcelaine de Chine.
Dont le corps est fracturé.

134. — Deux Chevaux en Delft.
Dont un fracturé.

135. — Un Vase, faïence de Blois, par Ulysse Bernard.

136. — Une petite Théière de Saxe, en porcelaine ancienne.

137. — Quarante Pièces diverses en porcelaine du Japon.

Ce lot sera divisé.

138. — Plat en faïence italienne.

139. — Quarante Pièces diverses en porcelaine de Chine à décors divers.

Ce lot sera divisé.

140. — Trois Plats, porcelaine de Chine, famille rose.

141. — Deux petites Corbeilles en faïence de Nevers, ajourées.

142. — Grand Plat, porcelaine de Chine.

143. — Petit Plat en faïence de Delft, doré.

144. — Grand Plat japonais.

Légèrement fracturé.

145. — Trois Plats en porcelaine de Chine.

146. — Plat en faïence de Nevers.

147. — Quinze Plats en faïence de Delft, décors divers.

148. — Deux Plats en porcelaine, dite Compagnie des Indes.

149. — Plat en faïence de Varage.

150. — Soupière en faïence, forme choux.

151. — Légumier en porcelaine du Japon.

152. — Plat ancien, cloisonné.

153. — Gourde en faïence, par Lessorre.

154. — Trois petits Cadres en bronze doré.

155. — Soupière argentée Louis XVI.

156. — Deux Bouts de table, Candélabres à deux lumières chaque, style Louis XIV.

157. — Panier flamand en cuivre repoussé.

158. — Paire de Chandeliers en bronze doré et ciselé, Louis XIV.

159. — Paire de Chandeliers en bronze empire.

160. — Suspension en bronze, avec sa lampe.

161. — Coupe en bronze, sur piédouche.

LIVRES.

162. — *Jérusalem délivrée*, en vers français, par L.-P.-M.-F. Baour-Lormian.

Paris, 1796. Nombreuses figures de Cochin.

163. — *Lavater*, dix volumes y compris la table.

Paris, 1820. Cartonné.

164. — *Sacre et Couronnement de Louis XVI*, enrichi de nombreuses figures, par le s. Patas.

Paris, 1775.

165. — ***Expédition de Crimée***, par de Bazancourt.

Deux volumes cartonnés. Paris, 1858.

166. — ***Histoire de l'empereur Napoléon***, par P.-M. Laurent (de l'Ardèche), illustré par Horace Vernet.

Un volume. Paris, 1839.

167. — *Le Caire* et *la Haute-Egypte*, dessins de A. Darjou, texte par Florian Pharaon.
Paris, 1872.

168. — *L'Art pour tous.*
Treize volumes.

169. — Sous ce numéro seront vendus différents Objets qui seront présentés au moment de la vente.

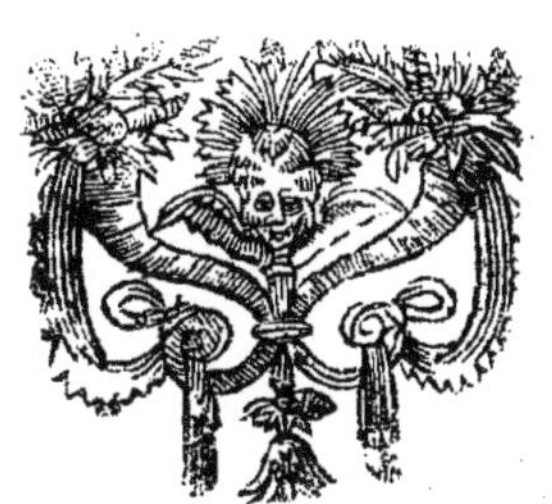

BEAUVAIS,
D. PERE, *Imprimeur breveté*.

Maison fondée au XVe siècle.

www.ingramcontent.com/pod-product-compliance
Ingram Content Group UK Ltd.
Pitfield, Milton Keynes, MK11 3LW, UK
UKHW020517180726
13839UKWH00005B/2141

9 782329 536057